AF365534

Droits d'auteur du texte © 2021
Carmen Martínez Jover
www.carmenmartinezjover.com
www.fertilitybooks.net

Droits d'auteur des illustrations
© 2021 **Rosemary Martínez**
www.rosemarymartinez.com

ISBN: 978-607-29-3521-1

Deux petits Cadeaux de la Vie, une histoire de don d'ovule et de sperme.
1ère édition Mai 2021

Histoire: Carmen Martínez Jover
Illustrations: Rosemary Martínez
Collaborateurs: Víctor Alfonso Nieto, Abelardo Gutiérrez

Traduction française par María Eugenia Galicia Alcántara
Commandez votre exemplaire personnalisé avec vos noms de famille
https://books.carmenmartinezjover.com

Je dédie ce livre à ma sœur Rosemary.
Merci pour tes magnifiques dessins, de partager
ton talent et de m'apporter ton soutien
inconditionnel.
Je t'aime Carmen.

Je dédie ce livre à ma sœur Carmen.
Merci d'être mon guide de vie et mon âme sœur,
et de partager ta passion pour aider les autres
en utilisant nos talents.
Je t'aime de tout mon cœur.
Rosemary.

DEUX petits CADEAUX DE LA VIE

Écrit par
Carmen Martínez Jover

Illustré par
Rosemary Martínez

Il était une fois deux
singes: Bowie et Tina.

Ils vivaient très heureux
dans leur bel arbre.

Ils aimaient se balancer ensemble sur les branches, où ils voyaient toujours beaucoup de petits singes partout. Mais eux, ils n'avaient pas leur propre bébé singe.

«Voyons », a dit
Bowie, « pour avoir
un petit singe, nous
avons besoin d'un
petit ovule de toi et
d'un peu d'esperme
de moi. »

« J'aimerais vraiment avoir notre propre bébé singe » a déclaré Tina.

« Oui, moi aussi », répondit Bowie. « J'ai tellement envie que nous soyons Papa et Maman. »

Mais le printemps
est passé ...

et l'automne est passé...

Et l'été est passé …
et l' hiver est passé…
et Tina et Bowie n'étaient pas encore devenus Maman et Papa.

Le médecin a dit a Tina que ses petits ovules
ne fonctionnaient pas correctement et le
médecin a dit à Bowie que son petit sperme
ne fonctionnait pas bien non plus.

Ils étaient tous les deux
très tristes.

Un jour très heureux, Tina a reçu un
ovule d'une jolie dame singe et Bowie
a reçu un sperme d'un gentilhomme
singe généreux, et l'ovule et le sperme
ont été confiés aux soins de leur
médecin.

Tina et Bowie
chérissaient l'ovule
minuscule et le sperme
minuscule parce que
c'était exactement ce
dont ils avaient besoin
pour avoir leur propre
bébé singe.

À la clinique, le médecin a délicatement
placé le minuscule ovule donné de Tina et
le minuscule sperme donné de Bowie dans
un tube à essai et les a soigneusement
soignés jusqu'à ce qu'ils soient fécondés
et deviennent un embryon, qui est le début
de la vie d'un bébé singe.

Lorsque l'embryon a commencé à grandir,
le médecin l'a soigneusement placé dans
le ventre de Tina, où il a continué à se
développer.

Bientôt, le ventre de Tina a
commencé a grossir
de plus en plus.

Tina aimait manger
beaucoup de choses
délicieuses pour que
le bébé singe dans
son ventre devienne
sain et fort.

Et ainsi ils ont commencé à préparer la chambre du bébé singe.

C'était une si belle pièce.

Enfin, Tina et Bowie sont
devenus Maman et Papa.

Le bébé singe est né ... et vous savez quoi ? Laby était le plus beau bébé singe que vous ayez jamais vu.

Laby a grandi ...
Et grandi ...
Et grandi ...

Et ils ont vécu pour toujours
comme une famille heureuse.

Be the heroes of your own story.

Personalise your own story with your own names.

www.fertilitybooks.net
books.carmenmartinezjover.com

EGG DONATION

A tiny itsy bitsy gift of life, an egg donor story for girls, boys and twins.

ADOPTION

Soul's time to be born, an adoption story.